L'INTÉRÊT

DES PAYSANS

LETTRE D'UN CULTIVATEUR

AUX

PAYSANS DE FRANCE

REIMS

IMPRIMERIE ET LITHOGRAPHIE MATOT-BRAINE

RUE DU CADRAN-SAINT-PIERRE, 6

—

1876

· AUX CULTIVATEURS

DU DÉPARTEMENT DE LA MARNE

Mes chers amis,

Je viens vous parler dans un moment grave, le plus grave qui se soit présenté depuis près de cent ans. Notre sort à tous et le sort de la France dépend de la manière dont nous allons voter. Nous sommes les plus nombreux, c'est donc nous qui déciderons nous-mêmes de ce que nous deviendrons et de ce que deviendront nos enfants.

Et d'abord qu'on en pense ce qu'on voudra, je vous dis que, pour la plupart des gens, l'intérêt dans ce monde passe avant tout : chacun tient à ses intérêts, vous le savez aussi bien que moi, et les exemples pour le prouver ne manquent pas. Sans aller bien loin, est-ce que les princes d'Orléans, en rentrant en France, n'ont pas réclamé tout de suite leurs millions? Et avant ça, est-ce que les bonapartistes, au 2 décembre, ne se sont pas tout de suite adjugé des millions par douzaines, des honneurs, des pensions et de bonnes places? et avant eux, est-ce que les émigrés, en 1815, ne se sont pas voté des milliards à eux-mêmes? et avant, est-ce que Napoléon Iᵉʳ n'a pas sacrifié les intérêts du peuple et surtout ceux des paysans, en rappelant les émigrés, en créant une nouvelle noblesse, en rétablissant les majorats, et en épousant Marie-Louise pour entrer dans la famille des rois ? Et avant... Mais on pourrait aller ainsi de suite jusqu'au commencement des siècles : ce serait toujours la même histoire.

Tous les hommes, dans tous les pays, cherchent leur intérêt, ce n'est donc pas une chose à blâmer, à condamner, puisqu'elle est naturelle, mais, comme nous autres paysans, nous avons aussi notre intérêt; nous serions des bêtes et tout le monde nous mépriserait, si nous n'y prenions pas garde, si nous laissions aller nos affaires à la débandade, et que nous soyons étrillés par nôtre propre faute ou notre négligence.

La première chose à faire en ce moment, c'est de voir ce qui nous est le plus profitable, de voter pour les légitimistes, pour les orléanistes, pour les bonapartistes ou pour les républicains. Voyons donc séparément l'intérêt de tous ces gens-là, et puis voyons le nôtre, pour savoir avec lesquels nous devons tenir et pour qui nous devons voter.

Ils chercheront naturellement tous à nous faire croire que leur intérêt est le même que le nôtre et que nous devons voter avec eux ; mais des hommes de bon sens réfléchissent avant de se décider, surtout quand il s'agit d'une affaire aussi grave. On réfléchit bien ponr acheter ou vendre un champ, un sac d'orge ou d'avoine, une vache ou n'importe quoi, même de moindre importance, et toutes les belles paroles du juif ou du maquignon ne décident de rien ; à plus forte raison faut-il bien examiner les choses et réfléchir, avant de donner sa voix à des gens qui auront notre bien entre les mains pendant cinq ans, qui feront la paix ou la guerre, qui augmenteront les impôts, s'il leur plaît, qui feront aller le commerce ou qui l'arrêteront par de bonnes ou de mauvaises mesures ; enfin à des gens qui seront les maîtres du pays, et dont non-seulement notre existence présente, mais encore notre avenir dépendra complétement.

Je n'ai pas besoin de vous en dire plus sur ce cha-
pitre, vous m'avez déjà compris.

Passons donc à l'examen des intérêts de chaque
parti, pour voir s'ils s'accordent avec les nôtres; car
chaque député, une fois à l'Assemblée nationale, votera dans l'intérêt de son parti, et si cet intérêt n'est
pas d'accord avec le nôtre, tant pis... nous serons
sacrifiés. Cela tombe sous le bon sens.

Commençons donc par le plus ancien, le parti de
nos rois, de nos seigneurs, de nos évêques, de nos
couvents, de ceux qui nous ont gouvernés pendant
quatorze cents ans, et qui, à force d'accabler nos
anciens de misères, ont fini par soulever toute la nation contre eux et par aller se mettre avec nos enne-
mis, pour nous imposer encore une fois leur joug
comme à des bœufs. La première république, voyant
cela, a confisqué leurs grands biens ; elle les a par-
tagés en petits lots et les a vendus aux paysans qui les
cultivaient depuis quatorze siècles pour les nobles et
les prêtres. C'est ce qu'on appelle les biens nationaux ;
nous en avons tous un morceau sans le savoir. En les
remettant ensemble, on pourrait facilement reconstituer, comme on dit, « la grande propriété » et ravoir
des seigneurs,

Est-ce que l'intérêt de ces gens-là s'accorde avec
le nôtre, je vous le demande ?

Naturellement, leur intérêt, c'est de ravoir ce qu'ils
ont perdu. Ils avaient des châteaux, des villages, des
fôrêts, des étangs, des parcs, des domaines grands
comme des cantons et même comme des arrondisse-
ments ; en outre, ils avaient des droits de toutes
sortes sur les gens et sur leurs biens : des corvées, des
dîmes, des champarts, des aides, des tailles, des ca-
pitations, des droits au colombier, des droits de chasse,
etc., etc., sans parler d'autres droits, qu'on n'ose pas
nommer par respect pour la morale ! Ils avaient même
le droit de haute et basse justice, c'est-à-dire le droit
de nous envoyer à la potence ou aux galères, quand

c'étaient de grands seigneurs, de la haute noblesse ayant bailliage et prévôté.

Pas un n'osera soutenir le contraire, c'est écrit en long et en large dans leurs parchemins et dans tous les vieux livres de justice, avec les plaintes et les gémissements des paysans, nos anciens.

Le simple bon sens vous avertit qu'ils voudraient tous rentrer dans leurs droits et leurs priviléges, mais ils ne seront jamais assez sots pour vous dire : « Moi, M. le comte un tel... moi, le duc, le baron, un tel, je vous recommande tout ça ! » Ils savent bien que vous êtes mille contre un et que vous vous défendriez jusqu'à la mort. Mais ils vous diront : Moi, votre ancien seigneur, le fils ou le petit-fils de vos anciens maîtres, honoré, admiré de tous ; que vous connaissez, parce que je fais beaucoup de dépenses sur mes domaines, — (rachetés avec le milliard des émigrés et agrandis par un riche mariage avec la fille d'un bourgeois millionnaire, car ces vieux nobles, si fiers de leur noblesse, ne reculent pas devant la mésalliance pour se procurer des écus) — moi qui vous aime, qui vous salue malgré ma haute position, je ne vous demande rien que de voter pour moi ; je vous représenterai à l'Assemblée nationale, je soutiendrai vos droits. Accordez-moi seulement votre confiance... Ecoutez Mgr l'évêque un tel et votre respectable curé, chargés du soin de vos âmes ; ils vous diront que moi, moi seul, je ferai bien vos affaires. »

Bon, il n'osera rien vous réclamer ; mais une fois nommé votre représentant, est-ce qu'il votera pour vos intérêts à vous, paysans, ou pour les siens à lui, seigneur ? Regardez comment, les seigneurs que vous aviez nommés en 1871 ont été à la dernière assemblée !... le sens commun vous dit que s'il n'y avait eu que des représentants légitimistes, ils n'auraient plus besoin aujourd'hui de vous demander vos voix, attendu qu'ils auraient voté le retour de Henri V, supprimé le suffrage universel, cherché à rétablir les électeurs à trois cents francs, et les éligibles à mille francs, de contributions directes, comme sous Charles X.

C'est clair : on ne peut pas leur demander autre chose : ils sont dans le parti, dans l'opinion de leurs intérêts.

Si vous trouvez que vos intérêts s'accordent avec leurs intérêts ; si vous voulez reconstituer avec vos petits champs, vos petits prés, leurs grands et magnifiques domaines, leur rendre tout ce que vous avez gagné si péniblement, vous et vos anciens ; si vous voulez qu'on vous les reprenne tout doucement par des lois de succession, des droits de tester, de substituer et autres traquenards préparés par ces nobles dans la Chambre qui va finir... eh bien ! votez pour les comtes, les vicomtes, les ducs, les barons, les évêques, les archevêques, et vous serez contents. Ils feront de vous et de vos descendants ce qu'étaient vos anciens et ce que vous aurez souhaité d'être : des serfs, des malheureux attachés à la glèbe et qu'on vendait avec le domaine, comme on vend une ferme avec son bétail !

Mais, si cela n'entre pas dans vos idées, si vous trouvez que votre intérêt n'est pas de remettre la tête sous le joug, alors cherchez d'autres représentants que ceux-là.

Voyez, par exemple, si les orléanistes, les gros rentiers, les anciens députés d'avant 48 ou leurs enfants ont le même intérêt que vous ; voyez si vos affaires à vous et celles des orléanistes sont les mêmes, et si vous seriez bien heureux, vous et les vôtres, de les voir s'étendre, s'arrondir et prospérer, en vous mettant de côté.

L'intérêt des orléanistes, gens considérables par la fortune, est de gouverner seuls les affaires de toute la nation, pour s'enrichir de plus en plus, pour occuper les premières places de père en fils, accaparer toutes les grandes entreprises, toutes les grandes fournitures, et mener une existence large, heureuse avec le moins de peine possible, en laissant les grosses charges aux inférieurs. Et c'est pourquoi ils veulent que l'argent, la fortune décident de tout ; que les personnes ne comptent pour rien. C'est pourquoi ils avaient établi que ceux qui paieraient 200 fr. de contributions directes nommeraient seuls les députés, et que tous les autres ne compteraient pas dans le gouvernement. C'est pourquoi en 48 ils ont refusé l'adjonction des capacités, c'est-à-dire des gens instruits, intelligents, capables de bons conseils et de soutenir les bonnes lois profitables à tous ; ils les ont refusés, par cela seul qu'ils n'avaient pas assez de fortune. Et c'est pour cela que la nation s'est révoltée, que Louis-Philippe a été forcé de s'en aller en exil, et que la deuxième République a établi le suffrage universel.

Si, vous, paysans, qui nourrissez des cinq, six enfants, et qui ayez mille peines à gagner un peu de bien pour votre vieillesse, vous trouvez juste d'être comptés pour rien, alors nommez des orléanistes. Ils feront des lois où les paysans enverront leurs fils à l'armée ; tandis que les fils des riches, moyennant une petite somme, resteront tranquillement chez eux, ou pourront suivre la belle vie des écoles, devenir avocats, médecins, magistrats, occuper toutes les belles positions, se marier avantageusement à la fleur de l'âge, enfin jouer un grand rôle ; tandis que le fils du paysan passera les plus belles années de sa vie en garnison ou bien à la guerre, en Afrique, dans les colonies ou ailleurs ! Ils feront des lois, où les impôts indirects pèseront sur le peuple, parce qu'il achète au jour le jour, faute d'argent, et où les gros bourgeois s'entretiendront grassement à peu de frais, parce qu'ils peuvent acheter en gros. Enfin, ils feront toutes les lois à leur avantage, à eux, gros propriétaires, gros fabricants, gros commerçants, hauts fonctionnaires, en laissant toujours en bas les enfants des paysans, qui seront bien heureux de devenir sergents, petits commis, petits fermiers, petits boutiquiers, à force d'ordre, d'intelligence et de bonne conduite.

Si vous trouvez cela juste, si votre intérêt est qu'il en soit ainsi, nommez des orléanistes, et vous aurez bonne mesure ; car leur premier proverbe et qu'ils appliquent toujours, c'est : « Chacun pour soi, chacun chez soi et Dieu pour tous ! »

Mais, si cela ne vous convient pas non plus, alors cherchez d'autres gens pour vous représenter ; nommez, si c'est votre intérêt, nommez des bonapartistes, des gens qui ne reculent devant rien, qui font leurs coups la nuit, comme au 2 Décembre ; qui fusillent tous ceux qui défendent les lois, qui les enchaînent deux à deux, comme des galériens, et les envoient périr misérablement à Cayenne, à Lambessa ou ailleurs ; qui chassent les plus honnêtes gens, lorsqu'ils leur résistent, les plus grands hommes, qui faisaient l'honneur et la gloire de la France, parce qu'ils osaient réclamer la justice. Oui, nommez ces gens-là, si c'est votre intérêt ; ce sera dur, ce sera terrible, épouvantable, ce sera une tâche éternelle pour la nation. Mais vous ferez avec les bonapartistes, comme les orléanistes et les légitimistes font avec les jésuites depuis cinq ans ; ils leur donnent la main et votent avec eux, parce que c'est leur intérêt. Ils n'auront donc pas de reproches à vous faire.

Mon cœur tremble de vous donner ce conseil, j'ai peur de ne plus être un bon Français ; mais nous parlons d'intérêt et non de patrie. Donc, si c'est votre intérêt, nommez des bonapartistes ; seulement, au nom de vos femmes et de vos enfants, et principalement de vous mêmes, réfléchissez !

Je sais qu'un certain nombre d'entre vous disent, en parlant de Napoléon III : « Il a pris l'affaire de décembre sur lui... ça le regarde !... Nous en avons profité ; nous avons eu de bonnes années, nous avons bien vendu nos récoltes, nous avons bien vécu et nous avons même arrondi notre avoir ; le reste n'est pas notre affaire... Qu'il rende ses comptes là-haut, nous n'avons rien à y voir... Et puis, il a rétabli le suffrage universel, que les orléanistes et les légitimistes avaient détruit. »

Voyons un peu ce qu'il y a de vrai dans tout cela.

D'abord, en ce qui regarde le suffrage universel, il est bon de se rappeler que Louis-Napoléon Bonaparte, président de la République française, avait fait proposer par ses ministres la loi qui supprimait trois millions d'électeurs. Il n'a donc rien *rétabli* en 1852, il a simplement *restitué* ce qu'il avait pris dans son jeu, lorsqu'il risquait la grande partie.

D'un autre côté, la nation avait beaucoup travaillé et économisé pendant les années de 1831 à 1851. On avait ouvert des routes par centaines, creusé des canaux, construit les premiers chemins de fer, défriché des forêts, bâti des fabriques en masse. En 1852 la France était riche : Bonaparte, en arrivant, a trouvé la maison pleine de la cave au grenier ; il avait les mains dans l'or jusqu'aux coudes Il n'a fait que dépenser à tort et à travers, de jeter l'argent par les fenêtres !... Mais ce qu'on a dépensé, on ne l'a plus.

Louis Bonaparte a non-seulement dépensé nos économies, il nous a laissé quinze milliards de dettes ! Il a aussi dépensé nos belles armées inutilement, en Crimée, en Chine, au Mexique ; on a vu à la fin ce qu'il en restait pour nous défendre.

Et puis, dans ce temps, les chemins de fer commençaient ; bien des choses qui n'avaient pas de valeur dans nos villages, parce qu'on ne savait où les vendre, trouvèrent un débouché dans les grandes villes et nous rapportèrent des écus. Mais Louis Bonaparte n'avait pas inventé les chemins de fer ; on en faisait avant lui, on en fait depuis qu'il n'est plus là, les choses se seraient donc passées de même sous un autre.

Ce n'est pas lui qui nous a donné de bonnes années, qui a fait tomber la pluie quand nous avions besoin d'eau, et luire le soleil quand il nous fallait de la chaleur pour mûrir les récoltes. Tout ce qui lui revient en propre, c'est l'amour du luxe, des dépenses inutiles, des loteries, des jeux de bourse, qu'il a encouragés par tous les moyens ; et puis les guerres, qui nous ont criblés de dettes, sans parler de la fin finale, où nous avons laissé non-seulement notre ancienne gloire militaire, mais encore l'Alsace et la Lorraine, qui nous donnaient plus de soldats que dix autres départements ; de sorte qu'il faut aujourd'hui que nos fils remplacent es soldats que nous fournissaient ces deux provinces.

Voilà ce qui revient en propre à Napoléon III, avec son coup de Décembre.

Si vous nommez des bonapartistes, qu'est-ce qu'ils feront ? Ce qu'ils ont déjà fait : un coup d'Etat pour ramener le petit prince, l'héritier légitime de trois invasions ! Le premier Bonaparte en avait deux sur son compte, le second en a une ; le troisième, s'il arrive, aura la sienne. Je vous en préviens : bon chien chasse de race !

Mais je crois aussi que le coup d'Etat cette fois ne réussirait pas, malgré tous les serments que le petit prince pourrait faire devant Dieu et devant les hommes ; trop de gens s'y attendraient, trop de gens de tous les partis en seraient menacés, et le peuple des villes serait là, qui pourrait bien se soulever pour autre chose que pour Napoléon IV.

Alors les fils des paysans seraient donc forcés d'aller soutenir le petit prince ? Ce serait la guerre civile, la plus grande guerre civile qu'on aurait jamais vue, puisque tous les esprits ensemble se trouveraient dedans, non par surprise, mais préparés à se défendre.

Je ne vous dis rien des Allemands, qui n'attendent que cela pour revenir, avec l'idée bien arrêtée de ne plus s'en aller : il ne se gênent pas pour l'écrire tous les jours dans leurs gazettes.

Si c'est votre intérêt d'amener la guerre civile, de faire le jeu des Prussiens, d'être envahis et conquis, nommez des bonapartistes ; car ce que je vous annonce ne peut manquer d'arriver, si les bonapartistes sont en majorité à la prochaine Assemblée nationale et au Sénat.

Ce sera la quatrième invasion et la dernière.

Vous n'aurez pas vos anciens seigneurs, ni vos dîmes, ni vos corvées d'avant la Révolution ; mais vous risquerez d'avoir des maîtres de l'autre côté du Rhin, comme les Alsaciens et les Lorrains, et de travailler à perpétuité pour le roi de Prusse.

Restent les républicains.

Quel est l'intérêt des républicains, des gens qui ne sont pas nobles, comme les légitimistes, ni archi millionnaires en venant au monde, comme les orléanistes, ni très-dépensiers et risque-tout, capables de jouer quitte ou double pour s'enrichir en un jour et jouir plus vite, comme les bonapartistes ; enfin des gens ordinaires : petits bourgeois, négociants, industriels, ouvriers, travailleurs de toute sorte, qui dans les villes demandent en masse la République, parce qu'ils voient clairement que leur intérêt est de ce côté.

Est-ce que le nôtre y est aussi ? C'est ce qu'il faut voir.

L'intérêt des républicains, c'est :

1o De garder les biens qu'ils ont acquis par leur travail ou par l'héritage de leurs anciens; de les étendre et de les faire fructifier autant que possible, ce qui ne peut arriver que si personne ne prétend avoir d'anciens droits sur eux et n'essaye de les rétablir, en se faisant nommer représentants du peuple pour faire des lois contre l'égalité ;

2o De permettre à tous de s'élever à tous les grades, à tous les biens sans exception, par le travail, par le talent et la bonne conduite, sans privilége pour aucune classe et sans recommandations ni protection d'aucune sorte. Il faut que le fils d'un simple paysan puisse devenir président de la République, comme en Amérique, s'il en est le plus digne et le plus capable. Ça, c'est l'intérêt de la nation tout entière. L'intérêt de la République, c'est que tous les enfants reçoivent le plus d'instruction possible, et qu'on pousse gratuitement jusqu'aux plus hautes écoles ceux qui montrent de bonnes dispositions, afin que l'esprit du pays ne reste pas en friche et que toute la France ait toujours des grands hommes dans toutes les branches des connaissances humaines. C'est aussi l'intérêt des paysans, car leurs enfants ne sont pas plus bornés que ceux des autres, et s'ils reçoivent de l'instruction, ils s'élèveront et soutiendront leurs anciens.

3° L'intérêt des républicains, c'est que chacun puisse faire librement ce qui n'est nuisible à personne, soit dans la vie ordinaire, soit dans la vie publique, dans le commerce et généralement dans tous les états ; que chacun puisse parler, écrire, faire imprimer la vérité, réclamer dans les journaux contre les injustices et les abus du pouvoir ; les gueux seuls peuvent se plaindre ; quand on dit la vérité sur leur compte, les honnêtes gens en sont fiers et contents.

4° L'intérêt des républicains, c'est qu'on paye le moins d'impôts possible, par conséquent qu'on abolisse toutes les places qui rapportent beaucoup et qui ne servent à rien.

5° L'intérêt des républicains, c'est qu'on ne donne pas à un seul homme le droit de déclarer la guerre, comme cela s'est vu sous l'empire et sous la monarchie, et que ce droit terrible soit réservé aux représentants de la nation.

Enfin, je trouve qu'en somme l'intérêt des républicains et le nôtre, à nous autres paysans, est absolument le même en tout et pour tout, et c'est pourquoi d'abord je voterai moi-même pour un républicain, et je vous engage tous à faire comme moi. C'est le bon sens qui me dit que ceux-là seuls peuvent avoir mon opinion et me faire de bonnes lois, qui ont aussi mes intérêts. Je soutiens ceux de ma condition.

D'ailleurs, faites attention aux prochaines élections,

et vous verrez que les légitimistes voteront pour les légitimistes, les orléanistes pour les orléanistes, les bonapartistes pour les bonapartistes ; j'espère que nous ne serons pas moins avisés que les autres, et qu'ayant les mêmes intérêts que les républicains, nous voterons tous pour de vrais républicains, connus depuis long-temps pour de vrais républiains, et qui n'auront jamais changé d'idées, même lorsqu'ils auraient eu intérêt à le faire sous Napoléon III.

Naturellement, nous pouvons aussi voter pour les honnêtes gens ralliés sincèrement à la République et qui lui ont donné des gages, qui ont brûlé, comme on dit, leurs vaisseaux.

Mais quant à ceux qui ont essayé pendant quatre ans de rétablir la monarchie, s'ils viennent nous demander notre vote, sous prétexte qu'ils acceptent les lois constitutionnelles, il faudra refuser net. Agissons avec eux comme monsieur le curé avec les gens qui viennent lui avouer un trop gros péché : il ne les condamne pas aux flammes éternelles ; non, mais il leur donne le temps de prouver la sincérité de leur repentir et les renvoie aux Pâques suivantes.

Faisons de même avec ces convertis de la dernière heure, donnons-leur le temps de mériter l'absolution, remettons-les aux élections de 1881, et tout ira bien : Nous aurons des représentants honnêtes, un gouvernement stable, juste, économe des deniers publics ; nous jouirons de la paix, de la tranquillité, et nous pourrons songer à nos affaires, sans crainte d'être surpris par de mauvaises lois contre l'égalité et remis dans un état misérable, ou d'être envahis par des gens auxquels on a déclaré la guerre sans avoir d'armée suffisante, sans canons et sans provisions, comme en 1870.

Là-dessus, mes amis, je vous serre la main, et j'espère que vous suivrez mes conseils, parce qu'ils sont d'accord avec votre intérêt.

Rappelez-vous bien ce que je vous dis avant de finir :

Voter pour des légitimistes, c'est voter pour le retour du gouvernement qui vous a fait cultiver la terre pendant quatorze siècles pour les nobles et les prêtres ;

Voter pour les orléanistes, c'est voter pour le retour du gouvernement des écus, qui vous a toujours refusé le droit de vote, sous prétexte que vous ne payiez pas 250 francs de contributions directes ;

Voter pour les bonapartistes, c'est voter pour le retour du gouvernement qui nous a amené trois invasions, qui a perdu la rive gauche du Rhin en 1815 et l'Alsace et la Lorraine en 1870, sans parler des milliards ;

Voter pour les républicains, c'est voter pour la conservation et l'amélioration du gouvernement qui vous a donné la terre en 1792 et le suffrage universel en 1848.

ERCKMANN-CHATRIAN,

Cultivateur à l'Ermitage, près Saint-Dié des Vosges, et auteur de l'*Histoire d'un Paysan.*

20 janvier 1870.

Reims. — Imprimerie Matot-Braine.